中華古籍保護計劃

ZHONG HUA GU JI BAO HU JI HUA CHENG GUO

·成果·

（宋）蘇轍 撰 傅增湘 校

傅增湘校本欒城集

第一册

國家圖書館出版社

圖書在版編目(CIP)數據

傅增湘校本欒城集：全十六册 /（宋）蘇轍撰；傅增湘校 .—北京：國家圖書館出版社，2021.11

（國學基本典籍叢刊）

ISBN 978-7-5013-6345-2

Ⅰ.①傅…　Ⅱ.①蘇…②傅…　Ⅲ.①中國文學—古典文學—作品綜合集—北宋　Ⅳ.①I214.412

中國版本圖書館 CIP 數據核字 (2018) 第 017644 號

書　　名　傅增湘校本欒城集（全十六册）
著　　者　（宋）蘇轍　撰　傅增湘　校
責任編輯　李精一　南江濤
封面設計　徐新狀

出版發行　國家圖書館出版社（北京市西城區文津街 7 號 100034）
（原書目文獻出版社　北京圖書館出版社）
010-66114536　63802249　nlcpress@nlc.cn（郵購）
網　　址　http://www.nlcpress.com
印　　裝　北京金康利印刷有限公司
版次印次　2021 年 11 月第 1 版　2021 年 11 月第 1 次印刷

開　　本　880 × 1230（毫米）　1/32
印　　張　106
書　　號　ISBN 978-7-5013-6345-2
定　　價　398.00 圓

《國學基本典籍叢刊》前言

國家圖書館出版社（原書目文獻出版社 北京圖書館出版社）成立三十多年來，出版了大量的中國傳統文化典籍。由於這些典籍的出版往往采用叢書的方式或綫裝形式，供公共圖書館和大學圖書館典藏使用，普通讀者因價格較高、部頭較大，不易購買使用。爲弘揚優秀傳統文化，滿足廣大普通讀者的需求，現將經、史、子、集各部的常用典籍，選擇善本，分輯陸續出版單行本。每書之前均加簡要説明，必要者加編目録和索引，總名《國學基本典籍叢刊》。歡迎讀者提出寶貴意見和建議，以使這項工作逐步完善。

編委會

二〇一六年四月

序言

《欒城集》是宋代文學家蘇轍的文集。

蘇轍（一〇三九—一一一二），字子由，一字同叔，晚號潁濱遺老，眉州眉山（今屬四川）人，蘇洵之子，蘇軾之弟。宋仁宗嘉祐二年（一〇五七），與兄軾同中進士。六年，舉制科，因極言朝政得失、議論激切，險被黜落。幸得仁宗言：『以直言召入，而以直言弃之，天下其謂我何？』遂置於下等，授商州軍事推官。神宗熙寧間，爲三司條例司檢詳文字，議事多與王安石不合，出爲河南推官。元豐中，烏臺詩案發，坐兄罪貶監筠州鹽酒税。哲宗元祐元年（一〇八六），入爲右司諫，歷中書舍人、尚書右丞，擢門下侍郎。紹聖元年（一〇九四），因哲宗親政、起用新黨，遂以元祐黨人落職，此後一路南遷。徽宗即位，北徙永州、岳州，閑居潁昌十餘年。卒於宋徽宗政和二年，年七十四。南宋孝宗時追謚『文定』。

蘇轍的文學成就以散文爲最高。作爲『唐宋八大家』之一，蘇轍散文有其獨特秀出之處。明代茅坤的評價至爲精準：『其奇峭處不如父，其雄偉處不如兄，而其疏宕裊娜處亦自有一片烟波，似非諸家所及。』（《宋大家蘇文定公文鈔·歷代論》評語）蘇轍長於議論文。其政論文縱横開闔，論事往往切中肯綮；史論文以古鑒今，立論工穩，如《歷代論》品評歷史人物，條分縷析，深折透闢。其雜記文亦多有佳篇。如《武昌九曲亭記》叙事舒緩，寫景空靈，極好地襯托出蘇軾貶謫黄州却超然物外、灑脱適意之精神面貌。又如《東軒記》，書寫自己謫居筠州的生活及心境：營建『東軒』作爲『宴休之所』，却每日忙於『鬻鹽、沽酒、税豚魚』，不得『安於其中』；渴望有朝一日『歸伏田里』、尋求顔回簞食瓢飲之樂。文筆曲折，婉轉紆徐，含情無限。與蘇軾相比，蘇轍性情沉静，謹重簡嚴。正所謂文如其人，蘇轍文風雖不如蘇軾那般浩蕩縱横、聲色斐然，却别有一種冲和淡泊、自在閑雅的氣度。蘇軾極爲推崇蘇轍的文章，稱其『汪洋淡泊，有一唱三嘆之聲，而其秀杰之氣終不可没』（《答張文潜書》）。

蘇轍的詩歌創作也有一定的成就。其詩今存近兩千首，題材頗廣，對自然風景的題咏、對日常生活的書寫以及朋友間的酬唱應和等，都有不少創作。晚年退居潁川，其詩呈現出頗爲鮮明的日常化特色，淺近自然又不乏深遠曲折之致，形成淡静有味的藝術風格。

蘇轍論詩亦有可圈可點之處。如《詩病五事》指出，詩歌紀事不可『寸步不遺，猶恐失之』，應當做到『事不接，文不屬，如連山斷嶺，雖相去絶遠，而氣象聯絡，觀者知其脉理之爲一也』，

『此最爲文之高致』。敏鋭把握詩歌文體之特質，將『氣象聯絡』視爲詩歌叙事的關鍵，堪稱古典詩歌叙事理論的重要洞見。

蘇轍以文學知名於世，又因晚年謫居，閉門整理舊學，故著述頗豐。有《詩解集傳》《春秋集傳》《論語拾遺》《孟子解》《古史》《龍川略志》《龍川别志》等，并行於世。其文集則稱《欒城集》。

《欒城集》《前集》《後集》，《三集》均由蘇轍親自編定。蘇轍自撰《欒城後集引》（《欒城後集》卷首）云：『元祐六年（一〇九一），年五十有三，始以空疏備位政府，自是無述作之暇。顧前後所作至多，不忍弃去，乃裒而集之，得五十卷，題曰《欒城集》。九年，得罪出守臨汝，自汝徙筠，自筠徙雷，自雷徙循，凡七年。元符三年（一一〇〇），蒙恩北歸，寓居潁川。至崇寧五年（一一〇六），前後十五年，憂患侵尋，所作寡矣，然亦班班可見，復類而編之，以爲《後集》，凡二十四卷。』《欒城第三集引》（《欒城三集》卷首）又云：『崇寧四年，余年六十有七，編近所爲文，得二十四卷，目之《欒城後集》。又五年，當政和元年（一一一一），復收拾遺稿，以類相從，謂之《欒城第三集》。』由此可知，《前集》編於元祐六年，五十卷，《後集》編於崇寧五至六年間，二十四卷；《三集》編於政和元年，共十卷。前後三集，成書時間、收録年限，皆班班可考。

宋代流傳的《欒城集》刊本，有閩本、蜀本、筠州本等。前二者訛謬較多，篇目亦多有删削。筠州本是蘇轍曾孫蘇詡所刻，以家藏舊本與閩本、蜀本相校讎，較爲精審。不過，《欒城集》宋刻今無完本，僅存幾部殘帙。元代未見全集刻本。

明代刻本較多，主要有兩個系統。一爲嘉靖二十年（一五四一）蜀藩朱讓栩刻本，含《前集》《後集》《三集》，共八十四卷。此本有活字本翻印，今藏本甚多。另一系統則爲四集合刊本，乃前、後、三集加上《應詔集》十二卷，共九十六卷。《應詔集》編者不詳，《郡齋讀書志》《直齋書録解題》均有著録，宋時已有四集合刊本行世。明代之四集合刊本以清夢軒刊本爲代表。此本刻於明神宗萬曆年間，由王執禮、顧天叙校勘。王執禮，字子敬，昆山人，嘉靖四十四年進士，堂號『清夢軒』。此本卷目比較完整，較他本多收録奏疏二十餘篇，刊刻質量亦較佳。

蘇轍文集的清代刊本，則以道光十二年（一八三二）眉州刊行的《三蘇全集》本爲代表。據卷首眉州知州弓翊清《補刻三蘇全集跋》可知，此前眉州曾合刻《三蘇全集》，然收録不全，弓翊清從他處借抄《嘉祐集》《欒城集》，替换原版，刻爲新版《三蘇全集》。該本有《欒城集》四十八卷、《後集》二十四卷、《三集》十卷、《應詔集》十二卷，共九十四卷。《欒城》

各集卷首皆標明王執禮、顧天叙同校，當抄自清夢軒本，衹是《欒城集》卷數較清夢軒本少了二卷。兩相比照，除卷目編排及個别篇目略有小异外，大體相合。據載，《三蘇全集》書版共四千二百餘塊，藏於眉州三蘇祠内一百三十餘年之久，惜毁於『文革』十年浩劫中。

國家圖書館所藏傅增湘舊藏《三蘇全集》本《欒城集》，卷内傅氏通校通批，朱墨爛然，值得深入研究，此次將其套色影印，以饗讀者。

周劍之

二〇一八五月

總目録

第一册

第二册

第三册

第四册

第五册

第六册

第七册

第八册

第九册

第十册

第十一册

第十二册

第十三册

第十四册

第十五册

欒城第三集

第十六册

欒城應詔集

第一册目録

欒城集

據國家圖書館藏清道光十二年（一八三二）刻三蘇全集本影印原書版框高十九點六厘米寬十四點五厘米

道光壬辰新鐫

欒城初集

板藏眉州三蘇祠

欒城集跋語

右欒城先生家集梭閩蜀本篇目間有增損從䂬齋細繹其故葢復官謝表後所附益章疏藁有所削也於政事書條例司狀見公入朝之始揆事中遠如漢賈誼議河流邊事茶役法分别君子小人之黨反復利害深入骨髓竊比之陸宣公贊歌詩千數百篇曾無幾微見用舍廢興之異晚歲杜門潁川喜秋稼句曰我願人心似天意愛惜老弱憐孤貧仁民愛物可謂中心藏之何日忘之矣伏讀歛袵請事斯語時

淳熙六年七月望日從政郎充筠州州學教授鄧光謹書

太師文定欒城公集刊行于時者如建安本頗多鈌謬其在麻沙者尤甚蜀本舛亦不免是以覽者病之今以家藏舊本前後幷第三集合爲八十四卷皆　曾祖自編類者謹與同官及小兒輩校讐數過鋟　於筠之公帑云時

淳熙巳亥中元日曾孫朝奉大夫權知筠州軍州事詡謹書

校勘官

文林郎筠州軍事判官倪　思

從政郎充筠州州學教授鄧　光

奉議郎知筠州高安縣事閭丘泳

先文定公欒城集　先君吏部淳熙己亥守筠陽日以遺藁校
定命工刊之未幾被　召到　闕除郎因　對　孝
宗皇帝玉音問曰子由之文平淡而深造於理欒城集天下無
善本　朕欲刊之　先君奏曰臣假守筠陽日以家藏及閩
蜀本參攷是正鏤板公帑字畫差大粗亦可觀容臣進呈
對畢得　旨速進來翌朝　上詣德壽宮起居　升輦
之際　宣諭左右催進後聞丞相曾國王公丞相鄭國梁公
云　上置諸御案上日閱五板森無所肯似濫承人乏到官
之初重念　先君所刊家集遭際　乙夜之觀實爲榮遇其板

以藏久字畫悉皆漫滅殆不可讀今樽節浮費𢌿一新之昔

文忠文定二祖筠實舊游之地邦人建祠祀之又況　先君嘗

守是邦遺愛在人此集之再刊亦從邦人之請也

開禧丁卯上元日四世孫朝奉郎權知筠州軍州事蘇森謹書

蘓文定公謚議

承淳熙三年七月十三日

敕中書門下省尚書省送到吏部狀准禮部關准都省批下故門

下侍郎蘓轍定謚事今具下項一准禮部關承淳熙三年二月

二十四日

敕試禮部尚書兼侍讀兼給事中兼吏部尚書趙雄劄子奏臣竊

詳

國朝故實名臣既歿而不乞謚者往往因臣寮建請特

賜徽稱故楊徽之之謚文莊宋綬寔請之宋祁之謚景文張方平

寔請之張方平之謚文定蘇轍寔請之凡以尙賢報功昭示無

極

聖主之所以寵綏臣子者於是至矣臣伏見故門下侍郎蘇轍初

以制舉對策受知

仁宗乍起草萊而鯁亮切直之聲固已震耀天下晚乃歷踐臺省

遂躋政途其絶學長才嘉言讜論與夫進退終始大節天下公

論可考不誣而寥寥數十年易名之恩未加在於

盛明之朝緫覈之政誠爲闕典況自頃歲

陛下加惠蘇軾

賜謚文忠

德音流行天下傳誦轍之平生梗槩與軾略同而宦達過之臣愚

欲望

聖明依軾近例特與蘇轍賜謚以示褒勸臣謬司邦禮職所當言

况有宋綬張方平建請故事則區區僭越之罪或可望於

裁赦也取

進止三省同奉

聖旨依令禮部太常寺擬定申尚書省續准淳熙三年四月十五

日

勑三省同奉
聖旨今後王公及職事三品以上法應得謚并勳德節義聲實彰
著不以官品特命謚者並先經有司議定申中書門下省具奏
取
旨依舊制更不命詞止備坐所議給告吏部牒本家照會禮部太
常寺今擬定謚曰文定道德博聞曰文安民大慮曰定并承議
郎行太常博士章謙撰到謚議一本頭連在前伏乞
朝廷詳酌指揮施行申都省後批禮部太常寺申擬定蘇轍賜謚
五月二十三日送禮吏部照應淳熙三年四月十五日巳降

指揮施行一檢准淳熙三年四月十五日

敕三省同奉

聖旨今後王公及職事官三品以上法應得謚弁勳德節義聲實彰著不以官品特命謚者並先經有司議定申中書門下省具

奏取

旨依舊制更不命詞止備坐所議給告吏部牒本家照會一尋行

下太常寺擬謚法後據太常寺申繳到承議郎行太常博士章謙撰議曰門下藴公歿逾六十年矣

天子始從其鄉人大宗伯之請

詔禮部奉常同議命謚謹按謚法道德博聞曰文安民大慮曰定請以是易公名惟公挺生西蜀毓秀山川天材最高資禀實厚而又有父文安先生爲之師有兄文忠公爲之師友盡其所學所行皆本原乎家傳而文章事業卓乎可敬而仰也嗚呼公爲元祐名臣行事在國史聲名在天下人其誰不知之宜不待歷數以合文定之謚者請麤陳其略觀公少年擢兩科與其父兄俱以文名世而公之文汪洋澹泊深醇温粹似其爲人文忠嘗稱之以爲實勝巳其所爲詩騷銘頌書記論譔與夫代言之作率大過人蓋流傳於人間散落於夷狄者不知其幾而所謂變

重其文則一也嘗傳詩春秋訓釋先儒之未達又注老子深窮
道德之旨而發明佛老之相類其後作古史所論益廣以刪補
子長雜亂殘闕之失書成撫之而歎自謂得聖賢處身臨事之
微意未復論著歷代大抵以考古今成敗得失爲要不務空言
此其道德博聞之淵源者如是可不謂文乎
本朝至
仁皇世可謂極盛公對制策方切切然以海内窮困生民愁苦爲
憂雖賈誼痛哭流涕之書不過也青苗入使擾民之事其施行
甚明公與王介甫陳暘叔辯爭之尤力及元祐新政公居言路

首陳

神宗變法本欲利民爲社稷長久之計而民力顧因之以凋弊者其原皆起於大臣蔽塞聰明之所爲由是蔡呂之徒竟皆貶竄然新政既孚事勢一定大臣乃有欲引用熙豐舊臣爲自全計者公手疏千餘言極論君子小人之不可並處而爭小人必勝非

朝廷安靜之福蓋是時公之所爭議大者唯黃河西邊二事次則差雇役法也深知黨臣之撼搖在位者幸四弊之不去以藉口而已故又爲之論奏願詔大臣正已平心無生事要功之意圖

弊修法爲安民靜國之術民心既得異議自消至論詩賦經義
之兼行未可遽合叅天地之禮所當復三司利權之不可分皆
反覆精詳未嘗不以謀國體便人情爲慮也此其安民大慮之
深遠者如是可不謂定乎自後世去古既邈好文之士侈辭相
高連篇累牘不出風雲月露之狀而體益以靡文則文矣非所
謂道德博聞之文也清談之士高論性命視天下利害恝然不
屑以動心殆若木偶人者定則定矣非所謂安民大慮之定也
而公則異於是信其有功於治道而有德於生民文定之謚今
合以謚公議者又何辭焉謹議 一請本部郎中覆謚去後承承

議郎行祕書省著作佐郎兼權考功郎官何萬覆諡議曰是非待諡而後定諡於往者重也數十年之後是非既定命諡以寵之諡之美惡以助勸沮諡於來者亦重也夫位足以經世要有其學才足以救時要有其心無其學未發而所到可知已無其心禍福利害皆足以移之傑然異於是蓋寡也思其人可無以示勸哉故門下侍郎蘇公轍闕不作諡邇臣以爲請有

詔禮部太常其同定之重是議也按諡法文之義十有八道德博聞莫如公優定之義有九安民大慮莫如公稱乃請諡文定上其議考功豈非謂其有經世之學有救時之心於公無愧歟公

宩深綜微得之於天嚌眞茹醇無待乎外上窮邃古下至其時廢興治亂得失成敗之所以然皆貫穿出入如身歷目睹少而對策有愛君之言已乃上書陳治安之說晚年黜不用於是傳詩春秋老子作古史載之空辭平生之所欲爲與老而不得卒其所爲者可以槩見要其歸在於治國平天下遡其學本末可考也初王荆公之以執政領三司條例也公爲其屬不爲屈歷疏其不便謝去元祐初既爲諫官取前日所爲弊與其人悉奏論之然司馬温公爲相欲盡變雇役法文潞公繼之又欲回河流於東二公清德重望最知公者公亦不以爲便蓋進退得喪

好惡怨德一不以留胸中而視百姓有録此以重因失職則怒焉若無以安也爲侍從不麄辨一職以塞責而止以爲天子所使以論思天下事當無不言凡冬温大旱水潦陰雪必建言某政有闕失某事當罷行有罪而不誅幾人無功而受賞又有幾當責己當求言以開廣

上意及在政府日至

上前與宰相爭用人邪正邊議曲直與行事當否退而批語有不如奏對吏辯詰雖休謁出而見所舉或未善必追論之未嘗曰事不出于我非吾咎不顧也勢移事異猶貇貇論治道至謫遷

不悔此其心豈擇所趨避委時於危不救者是以九年之間
朝廷尊公路闕忠賢相望貴倖歛跡邊陲綏靖百姓休息君子謂
公之力居多焉信也自公之貶紹聖以權臣用事崇觀以姦臣
執柄皆公昔所累疏數言不足倚以事者使公不去其言用寧
有後日之禍公之去天也然公身雖屈道愈高籍雖錮於黨人
天下愈推為正臣鉅德渡江之後旌錄有
詔今距公死又六十有五年矣猶
詔易名以襃之俾爾士大夫違實飾虛貪近忘遠知苟榮於一日
不顧遺臭於後世者觀公邅廻困躓顧不若鄉世好以為身圖

者之安然而此等泯泯就盡餘累汙逮孫子而公休澤顯聞乃
垂懿無窮是則名節苟全爵祿不足驕公議終在邪說不能勝
其亦庶幾知勸也夫文定二名豐約惟允請如博士議謹議令
來本官合出告伏候
指揮七月十三日三省同奉
聖旨依

宋史頴濵先生本傳　元脫脫等奉敕撰

蘇轍字子由年十九與兄軾同登進士科又同策制舉仁宗春秋高轍慮倦勤因極言得失而於禁庭之事尤切老臣胡宿以爲不遜請黜之仁宗曰以直言召人而以直言去之天下其謂我何宰相不得已寘之下等授商州軍事推官徙大名神宗立之二年轍適除喪上書言事得召對時王安石與陳升之領三司條例命轍爲之屬呂惠卿附安石轍與論多相牾安石出青苗書使轍熟議轍曰錢入民手雖良民不免妄用及其納錢雖富民不免踰限如此則恐鞭箠必用州縣之事不勝煩矣唐劉晏掌國計未嘗有所

假貸有賤必糴有貴必糶以是四方無甚貴甚賤之病此常平舊
法公誠舉而行之晏之功可立俟也安石曰當徐思之既而逾月河
北轉運判官王廣廉奏乞度僧牒於陝西漕司私行青苗法與安
石意合於是青苗法遂行轍以書抵安石力陳不可獨其悉徙他
職後坐兄軾以詩得罪謫監筠州鹽酒稅五年不得調移知績溪
縣哲宗即位召入元祐元年爲右司諫蔡確韓縝章惇皆論去
之而呂惠卿亦被論從竄典司馬光欲復差役轍言行之徐緩乃
得審詳光又欲改安石新議試士格轍言進士來年秋試日月無
幾徐議元祐五年以後格式未晚光皆不能從初神宗以夏國內

亂用兵攻討乃於熙河增蘭州於延安增安疆米脂等五砦二年
夏遣使相繼來朝廷知其有請蘭州五砦意六臣議棄守未決轍
言一失此機必爲後悔於是朝廷許之夏人遂服遷起居郎中書
舍人朝廷議回河故道轍爲公著言河決而北自先帝不能回今
乃欲取而回之是謂智勇勢力過先帝也進戶部侍郎轍因轉對
言曰財賦之原出於四方而委於中都善爲國者藏之於民其次
藏之州郡熙寧以來言利之臣不知本末內帑別藏雖積如丘山
而委爲朽壤無益於算也時又言數十年以來利權分而用度無
藝願罷外水監丞舉北河事及諸路都作院河皆歸轉運司至於

都水軍器將作三監皆兼隸戶部從之惟都水仍舊朝議以元豐
吏額冗濫命轍量事裁減轍曰此羣吏身計所係乃具以白宰執
請據實立額缺者勿補不過十年羨額當盡矣代軾爲翰林學士
尋權吏部尚書使契丹還爲御史中丞時元豐舊黨多起邪說以
搖撼在位呂大防劉摯患之欲稍引用以平夙怨謂之調停宣仁
后疑不決轍面斥其非復上疏云云宣仁后命宰執讀於簾前曰
轍疑吾君臣兼用邪正其言極中理諸臣從而和之調停之說遂
已轍又奏言大臣宜正已平心無生事要功因弊修法以安民靖
國六年拜尚書右丞進門下侍郎初夏人相繼求和朝廷許約地

界久之不決夏人乃於疆事多方侵求熙河將佐范育种誼等遂背約西邊騷然轍乞罷育誼別擇老將宣仁后以爲然大臣竟主育誼不從轍又面奏云云會熙河奏夏人十萬騎壓境殺人三日而退乞因其退急移近裏堡砦於界乘利而往不須復守誠信下大臣議轍與呂大防劉摯極辨用兵曲直復上奏曰此非西人之罪皆朝廷不直之故臣欲詰責帥臣生事耳後屢因邊兵深入夏地宣仁后遂從轍議時三省除李清臣吏部尚書給事中范祖禹封還詔書三省復除蒲宗孟兵部尚書轍奏前除清臣給諫紛然爭之未定今又用宗孟此與去年用鄧溫伯無異恐朝廷自是不

安靜矣議遂止紹聖初哲宗起李清臣爲中書舍人鄧潤甫爲尙書左丞二人久在外不得志稍復言熙豐事以激怒哲宗會廷試進士清臣撰策題卽爲邪說轍諫謂事有失當何世無之父作之於前子救之於後前後相濟聖人之孝也且及漢昭變武帝法度事哲宗以爲引漢武方先朝不悅落職知汝州再責知袁州未至降秩試少府監分司南京筠州居住三年又責化州別駕雷州安置移循州徽宗卽位徙永州岳州已而復太中大夫奉祠蔡京當國又降秩罷祠居許州再復太中大夫致仕築室于許號潁濱遺老自作傳萬餘言不復與人相見終日默坐如是者幾十年卒年

七十四追復端明殿學士淳熙中謚文定轍性沉靜簡潔爲文汪洋澹泊似其爲人高處殆與軾軋其使契丹也館客能誦其茯苓賦及洵軾文云所著詩傳春秋傳古史老子解居許時乃成編又有欒城文集竝行於世既入黨籍詔毀三蘇文三子進适遜族孫元老

壬戌仲冬以宋刊欒城文粹中所逸稿篇各校於此本加黑圈於每篇題末以別之

蘇文定公集 宋刊本半葉九行行十五字 字仿魯公體
極古茂名家著錄所不見 舊藏內閣大庫 宣統三年乃
取歸京師圖書館 計存四十七卷 余癸丑長夏就居廣
化寺乃得就校於此本上 此外又假沈乙盦所藏卅四五
兩卷鄧孝先所藏一至三十六至十八共六卷 補校焉 蓋已
得本半矣 其中佚文異字不可殫述 行將別為札記附
刊於蜀賢叢書之末 丙辰正月初吉江安傅增湘記

欒城集 目上卷 一至六 十至八 廿四五 廿六 卅五六 卅九至四十二
後集七至十三 十六至廿一 三集 六至十
應詔集 十二卷全

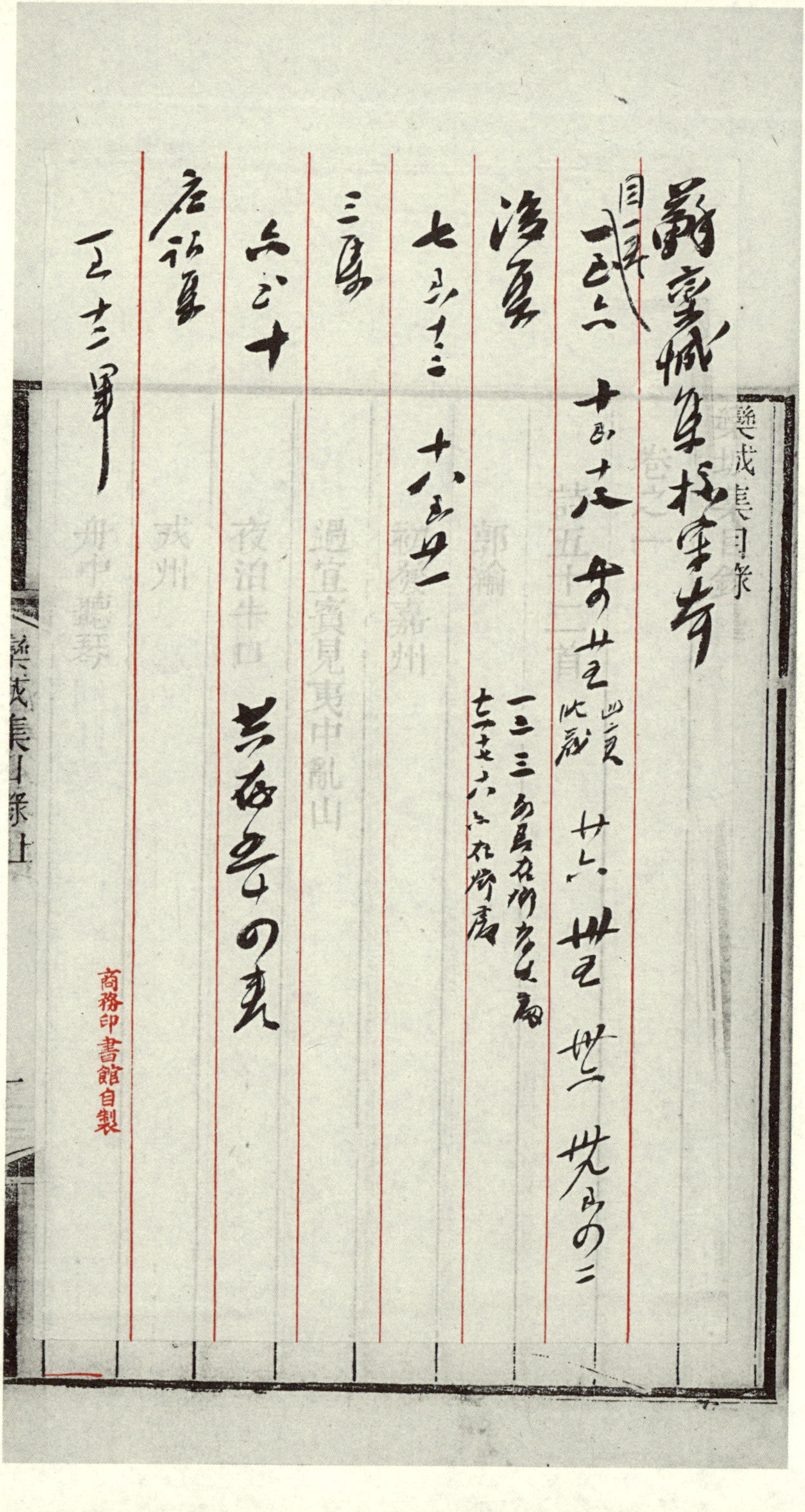
卷之一
詩五十二首
郭綸
初發嘉州
過宜賓見夷中亂山
夜泊牛口
戎州
舟中聽琴
商務印書館自製

欒城集目錄

卷之一

詩五十二首

泊南井口期任遵聖

江上早起

江上看山

山胡

白鷴

屈原搭

嚴顔碑

竹枝歌

望夫臺

荆門惠泉

答荆門張都官維見和惠泉

浰陽早發

襄陽古樂府二首 野鷹來 襄陽樂

雙鳧觀

懷黽池寄子瞻兄

辛丑除日寄子瞻

次韻子瞻減降諸縣囚徒事畢登覽

次韻子瞻太白山下早行題崇壽院

次韻子瞻病中大雪

次韻子瞻聞不赴商幕三首

次韻子瞻秋雪見寄二首

樓觀

郿塢

磻溪石

石鼻城

次韻子瞻題仙遊潭中興寺

次韻子瞻延生觀後山上小堂

缺半葉

此半葉在絲本袋中檢得

補校過 庚申首沅甡記

卷之二（第二卷）

詩六十九首

大人久廢彈琴比借人雷琴以記舊曲十得三四率爾拜

呈

聞子瞻習射

種茶

次韻子瞻題薛周逸老亭

次韻子瞻題長安王氏中隱堂五首

和子瞻鳳翔八觀八首 石鼓 詛楚文 王維吳道子畫 楊惠之塑維摩像 東湖 眞興寺閣 李氏園 秦穆公墓

聞子瞻將如終南太平宮谿堂讀書

子目双注行共六行

次韻子瞻麻田青峰寺下院翠麓亭

次韻子瞻宿南山蟠龍寺

賦園中所有十首

和子瞻記夢二首

次韻子瞻題岐山周公廟

次韻子瞻題扶風道中天花寺小亭

次韻子瞻南溪避世堂

和子瞻三遊南山九首

樓觀　五郡　傳經臺　大秦寺　仙遊潭五首

和子瞻調水符

次韻子瞻招隱亭

次韻子瞻凌虛臺

次韻子瞻竹䶵

次韻子瞻渼陂魚

和子瞻讀道藏

次韻子瞻南溪微雪

和子瞻司竹監燒葦園因獵園下

木山引水二首

興州新開古東池

子瞻喜雨亭北隋仁壽宮中怪石

用林侁韻賦雪

送張唐英監閬州稅

送張師道楊壽祺二同年

送家定國同年赴永康掾

送霸州司理翟曼

送道士楊見素南遊

利憲亡伯郎中挽詞二首

亡伯母同安縣君楊氏挽詞

卷之二

詩七十五首

北京送孫曼叔屯田權三司開坼司

和强至太傅小飲

和强君瓦亭

中秋夜八絶

次韻王君貺尚書會同六年

王公生日

次韻姚孝孫判官見還岐梁唱和詩集

次韻王臨太傅馬上

次韻王君北都偶成三首

次韻沈立少卿白鹿

送陳安期都官出城馬上

登上水關

寒食贈遊壓沙諸君

明日安厚卿强幾聖復召飲醉次前韻

次韻柳子玉郎中見寄

秀州僧本瑩淨照堂

京師送王頤殿丞

石蒼舒醉墨堂

遊淨因院寄璉禪師

送柳子玉

送蘊公佐修撰知梓州

送任師中通判黄州

南牕

次韻楊褒直講覽鏡

送錢婺州純老

傳欽之學士濟源草堂

文與可學士墨君堂

故成都尹陸介夫挽詞

次韻柳子玉謫官壽春舟過宛丘見寄二首

次韻子瞻潁州留别二首

陪歐陽少師永叔燕潁州西湖

歐陽公所蓄石屏

次韻子瞻初出潁口見淮山

次韻子瞻壽州城東龍潭

子目小字双行共四行

和子瞻渦口遇風

和子瞻濠州七絕

塗山　彭祖廟　逍遥堂　觀魚臺

虞姬墓　四望亭　浮山洞

和子瞻泗州僧伽塔

次韻子瞻發洪澤遇大風卻還宿

次韻子瞻記十月十六日所見

第四卷

詩七十四首

次韻子瞻廣陵會三同舍各以其字爲韻

劉貢甫　孫巨源

劉莘老

和子瞻金山

和子瞻焦山

次韻子瞻遊甘露寺

李簡夫晚詞二首

次韻子瞻初到杭州見寄二絶

和柳子玉地爐

和柳子玉紙帳

次韻子瞻遊孤山訪惠勤惠思

宛丘二詠

贈提刑賈司門壽

同陳述古舍人觀芍藥

次韻子瞻見寄

趙少師自南都訪歐陽少師於潁州留西湖久之作詩獻

歐陽公

次韻子瞻望湖樓上五絶

和柳子玉共城新開御河過所居牆下

歐陽太師挽詞三首

題黃鶴樓贈李公擇

次韻子瞻餘杭法喜寺綠野亭懷吳興太守孫莘老

和子瞻宿臨安淨土寺

和子瞻自淨土步至功臣寺

次韻子瞻遊徑山

次韻子瞻自徑山回宿湖上

次韻子瞻題孫莘老墨妙亭

熙寧壬子八月於洛陽妙覺寺考試及還道出嵩少之間至

許昌共得大小詩二十六首

洛陽試院樓上新晴五絕

和頓主簿起贈二首

將出洛城過廣愛寺見三學演師引觀楊惠之塑寶山朱

瑤臺文蔡普賢爲賦三首

登封道中三絶

維山祠　轘轅道

少林寺　贈頓起

登嵩山十首

石徑　玉女胞　擣衣石　醒心泉

峯頂寺　登封壇　法華巖　將軍柏

吳道子畫四眞君

啟母石

過韓許州石淙莊

過登封閻氏園

許州留別頓主簿

次韻子瞻登望海樓五絶

和子瞻監試舉人

和子瞻煎茶

次韻子瞻對月見憶并簡崔度

和子瞻開湯村運鹽河雨中督役

次韻子瞻雨中督役夜宿水陸寺二首

次韻子瞻將之吳興贈孫莘老

和子瞻畫魚歌

卷之五

詩六十六首

次韻子瞻吳中田婦歎

次韻子瞻遊道場山何山

癸丑二月重到汝陰寄子瞻二首

次韻子瞻二月十日雪

和子瞻題風水洞

次韻子瞻新城道中

次韻子瞻山村五絕

次韻子瞻遊富陽普照寺

次韻子瞻自普照入山獨遊二庵

次韻子瞻與蘇世美同年夜飲

次韻子瞻病中遊虎跑泉僧舍二首

和子瞻東陽水樂亭歌

次韻子瞻有美堂夜歸

次韻子瞻祈雨

次韻子瞻再遊徑山

王仲儀尚書挽詞

次韻范景仁侍郎移竹

寄題蒲傳正學士閬中藏書閣

自陳適齊戲題

送董揚休比部知眞州

送排保甲陳祐甫

送韓祗嚴戶曹得替省親成都

和孔教授武仲濟南四詠 環波亭 北渚亭 鵲山亭 檻泉亭

踏藕

和李誠之待制燕别西湖

送李誠之知瀛州

西湖二詠 觀捕魚 食雞頭

次韻孫推官朴見寄二首

送張正彥法曹

送青州簽判俞退翁致仕還湖州

和青州教授頓起九日見寄

題徐正權秀才城西溪亭

和子瞻喜虎兒生

次韻子瞻病中贈提刑段繹

次韻子瞻賦雪二首

次韻韓宗弼太祝送遊太山

次韻劉敏殿丞送春

次韻道至節推首夏

次韻李昭叙供備燕别湖亭

送李昭叙移黎陽都監歸洛省親

遊泰山四首 初入南山 四禪寺 靈巖寺 嶽下

送王璋長官赴眞定孫和甫辟書

寄孫朴

（次韻）和韓宗弼暴雨

卷之六

詩一百首

和鮮于子駿益昌官舍八詠 桐軒 竹軒 植軒 巽堂

仙齊 閑燕亭 會景亭 寶峯亭

次韻分司南京李誠之待制求酒二首

送施歷城辯歸常州

施君旣去復以事還戲贈

和文與可洋州園亭三十詠 湖橋 横湖 書軒 冰池 竹塢 荻浦

蓼嶼 望雲樓 天漢堂 待月臺 二樂榭

灙泉亭 吏隱亭 霜筠亭 無言亭 露香亭

涵虛亭 溪光亭 過溪亭 披錦亭 禊亭

菡萏軒 荼蘼洞 篔簹谷 寒蘆港 野人廬

此君庵 金橙逕

南園 北園

雪中呈范景仁侍郎

次韻景仁丙辰除夜

次韻景仁招宋温之職方小飲

次韻景仁飲宋温之南軒二首

次韻景仁正月十二日訪吴縝寺丞二絶

柳子玉郎中挽詞二首

贈淨因臻長老

次前韻荅景仁

遊城西集慶園

遊景仁東園

第之七

詩五十六首

次韻子瞻送范景仁遊嵩洛

送蔣夔赴代州教授

次韻宿州教授劉涇見贈

徐州送江少卿

次韻子瞻寄胥守黎希聲

和李邦直學士沂山祈雨有應

陪子瞻遊百步洪

李邦直見邀終日對臥南城亭上二首

次韻邦直見答二首

再次前韻四首

雨中陪子瞻同顏復長官送梁燾學士舟行歸汶上

同子瞻泛汴泗得漁酒二詠

明日復賦

贈吳子野道人

李邦直由徐青州余不入將赴南都比歸不及見余作詩

贈別

司馬君實端明獨樂園

送顏復赴闕

王詵都尉寶繪堂詞

逍遥堂會宿二首

過張天驥山人郊居

魏佛狸歌

雜興二首

贈致仕王景純寺丞

初發彭城有感寄子瞻

次韻子瞻見寄

將至南京寄王鞏

次韻王鞏見贈

送交代劉莘老

次韻王鞏九日同送劉莘老

次韻王鞏欲往徐州見子瞻以事不成行

宣徽使張安道生日

章氏郡君挽詞

聞王鞏還京會客劇飲戲贈
次韻王鞏遊北禪
次韻王鞏懷劉莘老
飲餞王鞏
送王鞏兼簡都尉王詵
呂希道少卿松局圖
寄孔武仲
孔君亮郎中新葺闕里西園棄官而歸
寄濟南守李公擇

卷之八

詩六十八首

謝張安道惠馬

次韻子瞻贈梁交左藏

寒食遊南湖三首

觀大閱

送林子中安厚卿二學士奉使高麗二首

送趙屼秘書還錢塘

馬上見賣芍藥戲贈張厚之二絶

答見和

送吕希道少卿知滁州

河上莫歸過南湖二絶

送提刑孫頎少卿移湖北轉運

次韻劉涇見寄

城南訪張恕

同李倅鈞訪趙嗣恭晒飲南園晚衙先歸

次韻轉運使鮮于侁新堂月夜

送梁交供備知莫州

秋祀高禖二絶

過興教贈釗上人

送文與可知湖州

次韻王鞏見寄

喜雪呈鮮于子駿三首

次韻文務光秀才遊南湖

子瞻惠雙刀

留守與賓客會開元龍興寺觀燈余有故不預中夜登南城

卷之九

詩七十首

春日耕者

自柘城還府馬上

次韻子瞻人日獵城西

送鮮于子駿還朝兼簡范景仁

次韻秦觀見寄

次韻道潛見寄

次韻王鞏元日

送將官歐育之徐州

次韻荅王鞏

次韻子瞻過淮見寄兼簡孫奕職方三首

次韻王鞏留别

次韻荅孔武仲

送傅宏著作歸覲待覲城闕

連雨不出寄張恕

和子瞻自徐移湖將過宋都途中見寄五首

次韻劉貢父登黄樓懷子瞻二首

陪杜充張恕鴻慶宫避暑

宋城宰韓秉文惠日鑄茶二首

次韻張務諫議燕集

臘雪五首

次韻王適雪晴復雪二首

送呂由庚推官得替還洛中二首

四十一歲歲莫日歌

次韻子瞻繫御史獄賦獄中榆槐竹柏四首

次韻子瞻贈張愨子

過龜山

放閘二首

次韻王適細魚

高郵别秦觀三首

召伯埭上斗野亭

次韻鮮于子駿遊九曲池

揚州五詠

九曲池　平山堂　蜀井

摘星亭　僧伽塔

題杜介供奉熙熙堂

遊金山寄揚州鮮于子駿從事邵光

初至金陵

卷之十

詩九十六首

和孔武仲金陵九詠　白鷺亭　覽輝亭　鳳凰臺　天慶觀　高齋　此君亭　見江亭　定林院　八功德泉

遊鍾山

郭祥正國博醉吟庵

湖陰曲

舟次大雲倉回寄孔武仲

池州蕭丞相樓二首

過九華山

佛池口遇風雨

舟次磁湖以風浪留二日不得進子瞻以詩見寄作二篇荅之前篇自賦後篇次韻

黃州陪子瞻遊武昌西山

將還江州子瞻相送至劉郎洑王生家飲別

赤壁懷古

自黃州還江州

江州五詠 射蛟浦 浪井 庾樓 東湖 琵琶亭

不到東西二林

遊廬山山陽七詠　開先瀑布　漱玉亭　簡寂觀

歸宗寺　萬杉寺　三峽石橋

白鶴觀

南康阻風遊東寺

寄題陳憲郎中竹軒

次韻孔武仲到官後見寄

次韻筠守毛維瞻司封觀修城三首

次韻子瞻夜字韻作中秋對月二篇一以贈王郎一以寄

子瞻

次韻王適食茅栗

過毛國鎮夜飲

次韻毛國鎮趙景仁唱和三首（一贈毛一贈趙一自詠）

再和三首

次韻王適州學新修水閣

次韻毛君九日

次韻毛君感事書懷

次韻毛君見督和詩

次韻毛君山房遺興

和胡教授蒙太守策試諸生

和毛君州宅八詠

鳳凰山　坡仙亭

李八百洞　煉丹井　方沼亭　翠樾亭

磨劍池　山房

次韻毛君病中菊未開

雨中宿酒務

次韻毛君經旬不用鞭朴

次韻李撫辰屯田修州門

飲酒過量肺疾復作

衢州趙閱道少師濯纓亭

茶花二首

戲荅

臨江蕭氏家寶堂

和蕭刑察推賀族叔司理登科還鄉四首

次韻吳厚秀才見贈三首

次韻毛君燒松花六絕

陪毛君遊黄仙觀

次韻王適梅花

次韻王適春雪二首

毛君惠温柑荔枝二絕

次韻王適遊真如寺

次韻王適新鷰

官居即事

陪毛君夜遊北園

山橙花口號

次韻馮弋同年

送王適徐州赴舉

遊吳氏園

江州周寺丞泳夷亭

次韻毛君遊陳氏園

江漲

和子瞻鐵拄杖

競渡

登郡譙偶見姜應明司馬醉歸

送姜司馬

寄題趙帆承事戲綵堂

次韻温守李鈞見寄兼簡毛大夫

次韻洞山克文長老

送饒州周沃秀才免解

雪中洞山黄蘗二禪師相訪、

毛國鎮生日二絶

次韻毛君將歸

送楊騰山人

次韻子瞻與安節夜坐三首

次韻毛君上書求歸未報

次韻毛君絶句

次韻毛君留别

送毛君致仕還鄉

贈景福順長老二首

次贈孔平仲著作見寄四首

陰晴不定簡唐覲秘校并敖吳二君五首

卷之十二

詩八十九首

雨後遊大愚

送高安羅令審理

送唐覲

余居高安三年每晨入莫出輒過聖壽訪聰長老謁方子
明浴頭笑語移刻而歸歲月既久作一詩記之

次韻子瞻感舊見寄

次韻和人豐歲

同孔常父作張夫人詩

次煒字韻荅黄庭堅

東軒長老二絶

題方子明道人東聰二首

迎寄王適

王度支陶挽詞二首

次韻陳師仲主簿見寄

寄題江漁長官南園茅齋

詠霜二首

次韻吳厚秀才見寄

乾荔支

次韻王適元日（并示曹煥）二首

寄梅仙觀楊智遠道士

春雪

贈石臺問長老二絕

和毛國鎮白雲莊五詠

掬泉軒　平溪堂　眺遠臺

濯纓庵　白雲莊偶題

次韻王適落日江上二首

張秀才見寫陋容

同王適曹煥遊清居院步還所居

次韻王適春雨

和子瞻蜜酒歌

次韻講律李司理憲見贈

次韻王適遊陳氏園

荅孔平仲二偈

次韻柳眞公閑居春日

次韻王適東軒即事三首

送李憲司理還新喻

問黃蘗長老疾

復次烟字韻黃大臨庭堅見寄二首

次韻子瞻臨臯新葺南堂五絕

次韻王適大水

贈三局能師二絕

臨川陳憲大夫挽詞二首

次韻知郡賈蕃大夫思歸

久不作詩呈王適

喜王鞏承事北歸

予初到筠即於酒務庭中種竹四叢杉二本及今二年二物皆茂秋八月洗竹培杉偶賦短篇呈同觀

和王鞏見寄三首

復次韻

孔毅父封君挽詞二首

卷之十三

詩八十六首

除夜

種蘭

上元夜

次韻王適元夜二首

王子立與遲等遊陳家園橋敗幾不成行晚自酒務徑見

之明日雨作偶爾成詠

幽蘭花二絕

胡長史祠堂

孫賓叟道人

書於屋壁

洪休上人少年讀書以多病出家居泐潭爲馬祖修塔以

三絶句來謁荅一首

勉子瞻失幹子二首

偶遊大愚見餘杭明雅照師舊識子瞻能言西湖舊遊將

行賦詩送之

將移績溪令

約洞山文老夜話

將之績溪夢中賦泊舟野步

縣中諸花多交代江君所栽牡丹已過芍藥方盛偶寄汴

君

楊主簿日本扇

次韻荅人幽蘭

次韻江法曹山間小酌

官舍小池有鸂鶒遺二小雛二首

次韻荅人見寄

次韻荅魏孝仙檻竹

欒城集目録上

卷之四 詩八十五首

送琳老還大明山

病退

病後白髮

答琳長老寄幽蘭白朮黃精三本二絕

次韻侯宣城題疊嶂樓

初聞得校書郎示同官三絕

績溪二詠 翠眉亭 豁然亭

儲靈惠廟歸過新興院書其屋壁

郭尉惠古鏡

歙縣嵗寒堂

邵武游氏老人三清堂榮之

神宗皇帝挽詞三首

舟過嚴陵灘將謁祠登臺舟人夜解及明已過至桐廬始
桐君山寺標致可愛遂以小舟遊之作二絕

泝潮二首

贈王復處士

張暘山人即昔所謂惠思師也余舊識之於京師忽來相
訪范然不復省余自言其故戲作二小詩贈之

高郵贈別杜介供奉

答王定國問疾

和子瞻次孫覺諫議韻題邵伯閘上斗野亭見寄

次韻子瞻題泗州監倉東軒二首

答顔復國博

次韻王定民宣德

河冰

復賦河冰四絶

河冰稍解喜呈王適

河冰復結復次前韻

題南都留守妙峯亭

次韻發運路昌衡淮南見山堂

送藏朝議歸蜀中

後省初成直宿呈子瞻二首

次韻子瞻送陳睦龍圖出守潭州

送千之姪西歸

篤幸親賢宅贈隨駕諸公

次韻子瞻飲道者院池上

答孔平仲惠蕉布二絕

次韻朱光庭司諫喜雨

次韻光庭省中書事

送張恕朝奉南京簽判二首

送賈訥朝奉通判眉州

次韻王庭堅學士猩毛筆

李誠之待制挽詞二首

司馬溫公挽詞四首

送表弟程之元知楚州

送王震給事知蔡州

送王廷老朝散知虢州

送曾有開中大知洛州次子瞻韻

箋老平卷

詩八十五首

送陳侗同年知陝府

次韻李曼朝散得郡西歸留别二首

送程建用宣德西歸

次韻子瞻杜介供奉送魚

次韻子瞻招王遷朝請晩飲

次韻劉貢父省上示同會二首

送家定國朝奉西歸

次韻孔武仲學士見贈

送楊孟容朝奉西歸

次韻子瞻與鄧聖求承旨同直翰苑懷武昌西山舊遊

送杜介歸揚州

王君貺宣徽挽詞二首

其後

子瞻與李公麟宣德共畫翠石古木老僧謂之憩寂圖題

次韻孔武仲三舍人省上

送顧子敦奉使河朔

席上再送

次韻孔文仲舍人酴醾

送錢承制赴廣東都監

次韻曾子開舍人(四月二十日扈從二首

再和二首

次韻張昌言(給事)省中直宿

次韻賈奚子開直宿

追記去年冬輙以起居郎入侍邇英講不逾時遷中書舍人雖
忝冒愈深而瞻望清光與日俱遠追記當時所見作四
絕句呈同省諸公
次韻張問給事喜雨
次韻宋構朝請歸守彭城
次韻劉貢父西掖種竹
次韻劉貢父省中獨直
得告家居次韻貢父見寄
黃幾道郎中同年挽詞二首

滎陽唐高祖太宗石刻像

次韻劉貢父從駕

次韻劉貢父和韓康公憶其弟持國二首

聞京東有道號賀郎中者唐人也其徒有識之者作詩寄

送家安國赴成都教授三絕

送歐陽辯

送韓康公歸許州

三日上辛祈穀除日宿齋戸部右曹元日賦三絕句寄呈

盧鴻草堂圖

秦虢夫人走馬圖二絕

韓幹二馬

試制舉人呈同舍諸公二首

次韻張去華院中感懷

送周思道朝議守漢州二絕

卷之十六

詩一百二十首

程之元表弟奉使江西次前年送赴楚州韻戲別

表弟程之邵奉議知泗州

次韻子瞻書黄庭内景卷後贈蹇道士拱辰

次韻子瞻好頭赤

送葆光蹇師遊廬山

同子瞻次梅聖俞舊韻題鄉舍木山

次韻子瞻送千乘千能

題王詵都尉畫山水横卷三首

次韻子瞻十一月旦日鎖院賜酒及燭

送周正孺自考功郎中歸守梓潼兼簡呂元鈞三絶

華嚴堂　雲薌閣　發眞鵝　薌茅館　瓔珞巖
棲雲室　秘全庵　延華洞　澄元谷　雨花巖
泠泠谷　玉龍峽　觀音巖　垂雲浒
勝金巖　寶華巖　陳彭漈　鵲源

將使契丹九日對酒懷子瞻兄弟并示坐中

題王詵都尉設色山卷後

次韻子瞻相送使胡

歐陽文忠公夫人挽詞二首

歐陽伯仲純挽詞二首

奉使契丹二十八首

次莫州通判劉涇韻二首

贈知雄州王崇極二首

贈古番趙侍郎　古北口道中呈同事二首
絕句二首　過楊無敵廟　燕山
趙君偶以徽恙乘馳車而行戲贈二絕句
會仙館二絕句　出山　奚君　惠州
神水館寄子瞻兄四絕　木葉山　虜帳
十日南歸馬上口占呈同事　傷足
春日寄內　渡桑乾

送文太師致仕還洛三首

李公麟陽關圖二絕

學士院端午帖子二十七首
皇帝閣二首　太皇太后閣六首　皇太后閣六首
皇太妃閣五首　夫人閣四首

次韻門下劉侍郎直宿寄蘇左丞

卷之十七

賦八首

卷之十八

鮮于子駿諫議哀辭

詩六首

太白山祈雨詩五首

舜泉詩

銘二首

彭城漢祖廟試劍石銘

鳳咮石硯銘

頌二首

筠州聰禪師得法頌

書二首

卷之二十一

上昭文富丞相書

上曾參政書

上兩制諸公書

上劉長安書

答徐州陳師仲書二首

答黄庭堅書

答徐州教授李昭玘書

上洪州孔大夫論徐常侍墳書

卷之二十二

記九首

鈞州聖祖殿記

上高縣學記

京西北路轉運使題名記

齊州濼源石橋記

光州開元寺重修大殿記

鈞州聖壽院法堂記

廬山棲賢寺新脩堂記

閒禪師碑

傳二首

孟德傳

丐者趙生傳

敘三首

類篇敘

洞山文長老語錄敘

古今家誡敘

卷之二十五

祭文十首

祭文與可學士文

祭文壽郡夫人馬氏文

祭王虢州伯敭文

祭歐陽少師文

祭范蜀公景仁文

祭司馬丞相文

祭鄧內翰母郡太君文

祭曹演父朝議文

青辭三首

齊州祈雨青辭

南京祈晴青辭

筠州祈雨青辭

卷之二十六

西掖告詞六十一首

林希集殿修撰知蘇州

楊傑知潤州

陳安期屯田郎中

蔡立知鄂州

盛南仲知衡州

許中正致仕覃恩改朝議大夫

虞肇知鼎州

胡田知誠州邢浩知欽州

王存磨勘改朝散郎

梁惟簡供備庫使

張璪光祿大夫資政殿學士知鄭州

趙君錫太常少卿

劉絢太學博士

鄧義叔主客郎中

林旦侍御史權淮南運副

田待問淮南運判可淮南提刑

陳紘可倉部郎中王古可工部郎中

孫升監察御史可殿中侍御史

李常蔡延慶並轉朝議大夫

徐彥孚澶州通判

章惇知揚州

邢恕知汝州

王令圖可都水使者

王荀龍澶州李孝純知棣州

郭逵自致仕起知路州

何正臣知梓州

孫覽河北運副除右司郎官

陶世延弼孫弼死於順州　邢選吉子吉死於盜各補三班借職

皇兄令羽磨勘轉遥團

張輔之入內內侍省磨勘轉內殿承制

范鎮可侍讀太一宮使

吳師仁可越州司法充杭州教授尹才虢州司户田述古

襄州司法蘇昞邠州司户

叔諄敘右平千牛衛將軍

黄履磨勘改朝請郎

宋彦國轉内殿崇班再知歸信容城縣臧定國轉西頭供

官再任縣尉

張利自眞定總管移知代州

莊公岳成都提刑蘇泌利州運判

內臣馮景詐認園地降一官

胡宗哲遂州張太寧漢州

李梃知唐州

崔仝通判延州

王純臣通判岷州

姚兕磨勘轉東上閤門使

丁騭太常博士

常安民大理寺丞

田子諒湖南運判

鄭佶都水監丞陳安民簿

葉康弼知劍州

謝卿材河北轉運使自陝漕徙

蔡卞磨勘朝奉郎

丁均少府主簿

張構再知豐州

吕大防中書侍郎

劉摯右丞

傅堯俞御史中丞

張端落致仕依前朝奉郎

孟永和轉軍器庫副使兼翰林醫官副使

蔡卞知江寧府

王安禮知楊州

林希知宣州

王舜圭除左班殿直

卷之二十七

西掖告詞六十一首

郟亶通判永寧軍

叔考等三十二人竝除右班殿直

王宗孟母封壽昌縣太君

胡宗愈吏部侍郎

顧臨給事中

范子奇司農卿

馬默河東運使

岑象求利州運判何琬江西運判

常安民鴻臚丞

李詵自軍頭司除知忻州

郯亶通判睦州

李琬太醫丞充中嶽廟令

王鞏通判揚州

劉奉世起居郎孔文仲起居舍人

胡宗炎將作少監

向宗良知衞州

郝觀除借職

曾肇中書舍人

邢恕知汝州

李周陝西運使

劉淑蘇州胡宗哲

許彥先知隨州

孫諤太學博士

王佺通判荊南

韓玠通判河南

占城國進奉判官蒲霞辛可保順郎將

劉邠中書舍人

曹誦遙團知保州

王獻可火山軍李昭敘石州

鄒極江西提刑何琬府界提刑

葉温叟度支郎中

吳革江西運判

杜常兵部郎中

榮咨道通判鎮戎軍

錢式三班借職

翰林醫官陳易簡等六人比舊各减三官牽復

李括知洋州

張士澄通判定州

彭次雲吏部郎中

章楶吏部馬琉戶部韓宗右司封吳安憲都官黃景職方

郎官

盛僑國子司業

黃庭堅著作佐郎

陳侗直秘閣知梓州

晏知止成都運副秦中梓州運副

游酢太學錄

張舜民監察御史

張續秘書省正字

李執柔司農寺丞

陳烈落致仕福州教授

龔原國子監丞

仲芭遙刺

吳淵西頭供奉官僉諤左侍禁

袁說知博州

閻木太學博士葉濤正

宋霣除承務郎

韓忠彥樞密直學士知定州

劉攽知辰州

龐希道復翰林醫學

克勍仲咨並磨勘改正任防禦使

蔡確改知安州

呂公孺知秦州

卷之二十八

西掖告詞六十二首

仲鸞等六人磨勘防禦使

張之諫知德順軍

寇諵覃恩改朝請大夫

郭時亮通判海州

安宗說知利州

范子奇河北轉運使

吳安持司農少卿崔公度將作少監

王兢湖南提刑

錢㬇知眞州

王漸知階州郭逢知德順軍

蕭士元石州李昭敘忻州李詵隰州

致仕馬充等以登極恩改承奉郎

燕若濟知東明縣

陳向知楚州

士鱸磨勘轉右監門衛大將軍

黃好謙知濮州

張修駕部郎中

王瑜京西提刑

康識權發遣鄜州今落權發遣

楊叔儀少府監守本官致士

融州歸明楊晟該等改右班殿直

曾肇磨勘改朝散郎

蕃官折師武覃恩改西頭供奉官

郭知章知海州江公著通判陳州

黄好謙知潁州

霍唐臣知濠州

晁端彦吏部郎何洵直司勳郎顔復禮部郎

辛癰太常博士韓宗文光祿丞孔平仲太僕丞

元耆寧館閣校勘換校書郎

梁燾轉朝奉大夫

張淳知長垣縣

李清臣資政殿學士知河陽

張整皇城使廣西鈐轄加遥刺再任以交人理會地界之

故

醫官元瑞敘權易使

交趾使黎鍾吏外副社英輩東頭供奉官

鄧忠臣秘書省正字

成卓降兩官監筠州酒稅

仲淡轉正任防禦使

曹評正任防禦使

熊本降授朝散大夫

張綬湖南提刑

劉當時太僕簿

張嵓古尚書省都事出職改朝奉大夫

陳遊古知沂州

周純知虢州朱陽縣

宋子儀大理寺丞

秦晉國安仁保佑夫人張氏特封吳楚國安仁賢壽夫人

彭汝礪右史

王陟臣右司郎中

王古吏部員外郎

張詢浙憲

陝西移四通判

蔡潛除司農簿

令疎除右千牛衞將軍

張元方權發遣府界提點

周邠通判壽春

魏璋敘奉議郎熙河機宜

常安民太常博士

豐稷工部員外郎

沈季長少府少監

林英大理少卿

西掖告詞五十九首

姚勔宗正丞

林希湖州周之純宣州沈季長秀州

李傑梓州提刑陳鵬運判

呂陶京西運副上官均比部員外郎

史宗範知涇州

黃慶基鴻臚丞

張峋戶部員外郎錢長卿刑部員外郎

大名府驍武第一指揮都虞候楊政等七人可並左右侍

禁

韓維守本官資政殿學士知鄧州

李士京將作丞余中軍器丞

劉務誠三班奉職

王衮知兗州

馮宗道遙郡刺史

胡田知誠州改爲軍除爲知軍

陳安石知襄州

孫懐用知岢化軍郝逢知岢嵐軍

許懋右司郎中

孫之敏知雍邱楊瓌寶知咸平

鄭佾知單州

西蕃首領溫溪心年欽氈二人並除化外州團練

孔平仲太常博士

林顏權知泉州

蒲宗閔知興元府史宗知廬州

姚勔秘書丞

王念光祿丞

陳軒主客郎中

豐稷殿中侍御史

陳知晦蔡州簽判

向宗旦司農少卿

侯利建京東漕并亮采河東漕

馬誠湖北憲

林積知福州

朱服權發遣泉州

林顔知濠州

令翚以率府率講書授通直郎

張宗古知登州

高遵易改知全州

何瓌工部郎中

崔公度知潁州

黃禂知賓州錢師孟知横州

石景略可宜德郎

范純禮發運副使

張汝賢右司郎中

韓宗道太府卿朱光庭太常少卿

李之純寶文閣直學士知成都府

廖正一秘書省正字

劉舜卿加遥郡團練馬軍都虞侯

游師雄故奉議郎陝西運判賜緋

廖正古通判滄州

龐元英鴻臚少卿

張琬知秀州

曾孝序通判莫州

劉言可內殿崇班一

張峋戶部員外郎改戶部郎中

韓緒等六人各轉一官

蔣官党令征攬哥趙令京覃恩改官

顧臨再授給事中

孔文仲中書舍人

張頡待制河北都運

卷之三十

西掖告詞五十一首

太皇太后三代

皇太后三代

皇伯世儔追封奉化郡公

越國賢惠長公主追封大長公主

世繁贈安武軍留後追封信都郡公

唐俛贈梓州錄參

克賢贈奉國軍兩使留後封奉化郡公

士覯贈左領軍衛將軍

安懿三代妻

李清臣三代妻

范純仁三代

中丞劉摯父

卷之三十一

西掖告詞四十九首

苗貴妃三代

文臣升朝封父母妻

文臣升朝追封父母妻

范鎮父

張方平父

李端愿父母

張方平祖

富紹庭母

蔡𣂏父挺贈開府儀同三司

劉攽母

奉議郎任斯年祖母黃氏封永壽君

張琬父昇追封韓國公

安壽知樞密院贈三代

王汝舟祖母胡氏封嘉興縣太君

皇兄令擢等所生母贈縣太君

富弼贈太師

劉沆追封秦國公

盧政贈司空

王存妻胡氏齊安郡夫人

楊王第三女封安定郡主

卷之三十二

批門書詔五十四首

麻制十三首

除苗授保康軍節度知潞州制

除劉昌祚武康軍節度殿前副都指揮使制

明堂呂大防加恩制

皇伯祖宗暉加恩制

皇叔祖宗祐加恩制

皇叔祖宗楚加恩制

皇弟徽宗御名加恩制

皇弟偲加恩制

馮京加恩制

劉昌祚加恩制

除文彦博太師河東節度使致仕制

除馮京彰德軍節度使制

詔勅四十一首

尚書左丞韓忠彦免弟嘉彦尚主不許不允詔二首

門下侍郎孫固乞致仕不允仍給寬假詔

韓忠彦乞外任不許不允詔二首

孫固乞致仕不允詔

趙君錫免刑部侍郎不允詔

呂公孺免户部尚書不允詔

太皇太后明堂禮成罷賀賜門下手詔

太師文彦博乞致仕不許不允詔二首

文彦博致仕再免兩鎮不許不允詔二首

文彦博三免兩鎮不許不允詔二首

文彦博免兩鎮許允詔二首

河東官吏軍民示喻勅書

孫固乞致仕不允詔

韓忠彦免同知樞密院不允詔

蘇頌免尚書左丞不許不允詔二首

蘇頌再免左丞不許不允詔二首

知樞密院孫固乞避親不允詔

周尹進興龍節無量壽佛勑書

范百祿免侍讀不允詔

趙君錫免吏部侍郎不允詔

文彦博免孫男康世章服不允詔

孫固乞致仕不允詔

卷之三十三

北門書詔祈祝九十首

批答四十四首

門下侍郎孫固乞致仕不許不允批答二首

劉昌祚免殿前副都指揮使不許不允批答二首

文彦博乞致仕不許不允批答二首

呂大防免明堂恩命不許不允批答四首

皇伯祖宗暉免恩命不許不允批答四首

皇叔祖宗祐宗楚免恩命不許不允批答四首

皇弟佶似偲免恩命不許不允批答四首

劉昌祚免恩命不許不允批答四首

中書侍郎劉摯免恩命不許不允批答二首

尚書右丞許將免恩命不許不允批答二首

文彦博致仕免兩鎮不許不允批答二首

韓忠彦免同知樞密院不許不允批答二首

蘇頌免尚書左丞不許不允批答二首

呂大防等乞御正殿復常膳一連四表批答八首

書九首

皇帝明堂宿齋第一次問　太皇太后聖體答書

皇太后答書

皇太妃荅書

第三次　太皇太后答書

皇太后答書

皇太妃答書

皇帝謝禮畢　太皇太后答書

皇太后答書

皇太妃答書

祝文十二首

北京南開二股河祭河瀆星辰祝文

景靈宮安鐵水窗祝文

後苑祈晴祝文

太廟整漏奏告　宣祖皇帝祝文

後苑粉壇祈雨祝文

五嶽四瀆祈雨祝文

謝雨祝文

鳳翔府太平宮修殿告遷神御祝文

中太一宮祈晴青詞

北京南關一股河道場青詞

罷散青詞

福寧殿開啟明堂預告道場青詞

青詞十二首

嶽瀆謝雨祝文

神廟寺觀謝雨祝文

天地社稷宗廟謝雨祝文

奏告五星祈雨祝文

明堂禮畢福寧殿道場青詞

罷散青詞

景靈宮預告雅飾　聖祖青詞

裝飾　聖祖御容青詞

雅飾了畢開啟奉安　聖祖眞容道場青詞

西嶽謝雨青詞

中太一宮祈雨青詞二首

朱表七首

福寧殿罷散明堂預告道場朱表

北京開二股河罷散日道場朱表

明堂禮畢福寧殿罷散道場朱表

景靈宮奏告雅飾　聖祖罷散道場朱表

景靈宮奉安　聖祖眞宗御容罷散道場朱表

西嶽罷散謝雨道場朱表

諸宮觀罷散謝雨道場朱表

表五首

泥飾諸陵神臺奏告表

泥飾永裕陵神臺等奏告表

為兄軾下獄上書

右司諫論時事五首

論臺諫封事留中不行狀

乞選用執事狀

乞罷左右僕射蔡確韓縝狀

乞招河北保甲充軍以消盜賊狀

乞牽復英州別駕鄭俠狀

卷又三十四

右司諫論時事六首

以旱乞放民間積欠狀

論罷免役錢行差役法狀

論蜀茶五害狀

乞更支役錢雇人一年候修完差役法狀

乞罷蔡京開封府狀　乞罷右僕射韓鎮劄子

卷之三十五

右司諫論時事十七首

乞責降成都提刑郭槩狀

論差役五事狀

乞罷蔡京知眞定府狀

乞罷安燾知樞密院狀

再論安燾狀

論發運司以糴糴米代諸路上供狀

乞責降韓縝第七狀

乞責降韓縝第八狀 脫簡

卷之三十六

右司諫論時事十四首

乞給還京西水櫃所占民田狀

論三省事多留滯狀

言科場事狀

乞招誡縣保甲充軍狀

乞令戶部役法所會議狀

乞禁軍只一教狀

乞差官與黃廉同體量蜀茶狀

乞以發運司米救淮南飢民狀

乞借常平錢買上供及諸州軍糧狀

言蔡京知開封府不公事第五狀

再乞差官同黄廉體量茶法狀

論明堂神位狀

再言役法劄子

乞誅竄呂誨卿狀

卷之三十七

右司諫論時事十五首

乞貴降呂和卿狀

乞兒子邁罷德興尉狀

再乞罪呂惠卿狀

再論京西水櫃狀

乞復選人選限狀

論諸路役法候齊足施行狀

申三省請罷青苗狀

卷之三十九

中書舍人論時事三首

論梁惟簡除遙郡刺史不當狀

不譔葉康直知秦州告狀

申本省論處置川茶未當狀

薦林豫劄子

乞分別邪正劄子

論執政生事劄子

論言事不當乞明行黜降劄子

再論分別邪正劄子

再論熙河邊事劄子

再論舉臺官狀

三論熙河邊事劄子

三論分別邪正劄子

卷之四十二

御史中丞論時事十首

四論熙河邊事劄子

論吏額不便二事劄子

乞差官權戶部劄子

三論舉臺官劄子

論堂除太寬劄子

論前後處置夏國乖方劄子

論所言不行劄子

乞罷修河司劄子

再乞責降李偉劄子

三論渠陽邊事劄子

乞定差管軍臣僚劄子

卷之四十六

御史中丞論時事十三首

乞裁損待高麗事件劄子

論張頡不可用劄子

再乞禁止高麗下節出入劄子

辭翰林學士劄子

辭御史中丞劄子

辭尚書右丞劄子四首

免尚書右丞表二首

卷之四十六

雜謝恩命表狀二十一首

謝除中書舍人表二首

謝除戶部侍郎表二首

謝對衣金帶表二首

謝翰林學士宣召狀二首

謝對衣金帶鞍馬狀二首

謝勑設狀二首

笏記二首

謝除龍圖閣學士御史中丞表

謝對衣金帶鞍馬狀

謝除尚書右丞表二首

生日謝表二首

笏記

卷之四十七

代南京百官賀南郊表

代南京謝頒歷表

代張公謝南郊加恩表

代李誠之待制遺表

代龔鼎臣諫議謝青州帥表

代陳汝義學士謝上表

代南京留守謝減降德音表

代張昷諫議謝上表

代張公安道乞致仕表三首

欒城集目錄終

鑾城集目錄　卷

又大司空卞啟

代兩臺謝部堂劉沐川啟

代謝州牛東谷同年文侍中啟

代張晉泉大林御二兩啟

又代謝西兩制啟

代陳東古舍人謝西川府啟

代張公交遊谷西屯田啟

鑾城集目錄終